Herzschwingung
Seelenfrequenz

Text und Titelbild
von Beate Hefler

Das Buch:

Dieses Buch ist gefüllt mit kurzen Texten, die Seite für Seite des Lebens betrachten. Diese Texte möchten uns daran erinnern, wer wir wirklich sind. Unser Herz erfasst soviel mehr als Worte sagen können. Es gibt unzählige feine Nuancen, die unsere Sprache nicht ausdrücken kann, da sie zu grobstofflich ist. Mein Herz und meine Seele haben mir diese kurzen Impulse als Inspiration geschenkt. Ich wünsche mir, dass sie dir, liebe Leserin und lieber Leser, Freude bereiten und kleine Inseln im Alltag sind.

Die Autorin:

Seit 2005 bin ich als freischaffende Künstlerin und Autorin tätig. Die Hauptbereiche meines künstlerischen Schaffens sind Wortteppiche aus verschiedenen Bestandteilen des Lebens und der Natur zu weben.
Weitere Informationen finden Sie unter:
www.beate-hefler.de

Herzschwingung
Seelenfrequenz

Text und Titelbild
von Beate Hefler

Impressum

Text Copyright © 2020 by Beate Hefler
Titelbild Copyright © 2020 by Beate Hefler
Layout: Copyright © 2020 by Beate Hefler
Covergestaltung: Copyright © 2020 by Beth Fischer

ISBN 978-3-7526-7135-3

Herstellung und Verlag: BoD - Books on Demand,
Norderstedt

Bibliografische Information der Deutschen Bibliothek:

Die Deutsche Bibliothek verzeichnet diese Publikation in der
Deutschen Nationalbibliografie; detaillierte bibliografische
Daten sind im Internet über <http://dnb.ddb.de> abrufbar.

BEGEGNUNGEN
MACHEN MICH ° REICH :)
SIE SIND NICHT IMMER GLEICH :)
MAL IST MEIN HERZ
VOLL FREUDE ° MAL DENKT ES °
NEIN NICHT HEUTE :)
LEUTE ° TIERE ° BÄUME ° SIND
TEIL MEINER TRÄUME :)
SIE SIND MEINE BEGLEITER ° SO
ENTWICKELN WIR UNS WEITER :)
WERTVOLL DICH ZU SEHEN ° UND
AUCH DIE DRACHEN
UND DIE FEEN :)

BUNT IST
DER REGENBOGEN :)
VIELFARBIG SPRÜHT DIE
FREUDE ° FUNKEN :)
BIST DU IN DEINER WELT
VERSUNKEN :)
BUNT SIND DIE TRÄUME °
KEINE MINUTE VERSÄUME :)
STRAHLE IN DEINEN
FARBEN ° SO KÖNNEN WIR
EIN FARBENKONZERT
WAGEN :)

wandern kannst du in gedanken :)
nur dein glaube * weist
dir die schranken :)
wachstum liegt
in dir drin *
so macht das leben sinn :)
viel lachen *
beim erwachen
wünsch ich dir
und grüsse dich von hier :)

DER HERBST
HAT DIE BAUMHAARE
BUNT GEFÄRBT :)
VOLLER LEBENSFREUDE °
TANZEN DIE BUNTEN BLÄTTER
MIT DEM WIND UM DIE WETTE :)
DER HIMMEL STRAHLT DAZU
IN SEINEM SCHÖNSTEN BLAU :)
DA SCHLÜPFT DIE MAUS
AUS IHREM BAU
UND DENKT WOW °
LEBEN IST EIN FEST :)

vertraue darauf * dass
all jene dinge die dein
leben bereichern
zur rechten zeit zu dir
kommen :)
sei bereit * sie dankbar
zu empfangen :)
lebensfreude *

yeah :)

HAB GRAD
SONNENSTRAHLEN
GENOSSEN
UND DAMIT MEINE SEELE
GEGOSSEN :)
STEHE HIER UND FÜHLE °
DIESER WEG IST HIER ZU
ENDE ° NUN KOMMT DIE
WENDE :)
NEULAND IST UNBEKANNT °
LIEBE HAT
DIE ANGST GEBANNT :)
SPANNEND IST DAS SPIEL °
DAS ERGEBNIS KENNST DU
ERST AM ZIEL :)

LEERE IST DER RAUM
FÜR MÖGLICHKEITEN :)
FÜLLE IST ° DIE
SYNERGIE AUS
EMOTIONEN
UND GNADE :)
DANKBARKEIT ° IST
WERTSCHÄTZUNG UND
GENUSS :)
JA ° LEBEN IST...
WAS DU DARAUS
MACHST :)

der igel louise
liegt auf der wiese)
herbstsonnenstrahlen
sind gold wert :)
denn nun mensch und tier
nach innen kehrt :)
im kern * da ist die kraft
geborgen :)
die stille kommt
nun übers land * so kannst du
dich besser hören :)
wir igel auf innenschau * schwören :)

EIN BLATT FÄLLT VOM BAUM °
AUS DER TRAUM
VOM AST AM BAUM :)
DER WIND HAT EINE
VERABREDUNG MIT IHM °
ER TREIBT ES IN DEN BACH :)
DAS WASSER BEGRÜSST ES
FREUNDLICH UND SAGT °
HEUT IST DEIN GLÜCKSTAG
DU HAST
EINE FREIFAHRT GEWONNEN °
GENIESSE DAS FLIESSEN IM
SEIN :)
DANKE ° MIR GEHT ES FEIN :)

durch die zeit *
entwickle ich
ein taktgefühl *
für dich und mich :)
durch die innenschau *
tauche ich in die unendlichkeit
und finde meinen Kern *
verbunden über zeit und raum :)
leben ist ein traum :)
geniesse deinen kern
im zeitfenster des seins :)

WEIT FLIEGT DER ADLER °
HELL LACHT DIE SONNE °
WAS BEREITET
DIR WONNE :)
DIE ZEIT IST EIN POL °
FÜHLST DU DICH WOHL :)
DU GEHST LAUT ODER
LEIS °
DOCH IMMER IM KREIS :)
STETS BIST DU EIN TEIL
VON ALLEM WAS IST °
DAS IST GEWISS :)

DIE
HIMMELSRICHTUNGEN
WEISEN DIR DEN WEG :)
DOCH WOHIN DU GEHST
ENTSCHEIDEST DU FÜR
DICH :)
HIMMELSSCHAFE SIND
WEISS UND FLAUSCHIG :)
SEI DU °
UND SCHAU DEN
WOLKEN ZU :)

glück ist
ein warmes * helles gefühl :)
es leuchtet
aus sich selbst heraus * ohne grund :)
ergreift es dich *
dann ist dein tag
voller licht und weite :)
wage es
dem licht zu trauen *
so kannst du gelassen schauen :)

GOLDFARBEN
GLÄNZT DAS
SONNENLICHT
ÜBER DEM
HERBSTLAND :)
AUF GEDANKEN
GIBT ES
KEIN PFAND :)

die graugans sitzt
auf dem steg
und blickt auf den weg :)
da sitzt ein kormoran
und der reiher herr klee
bei einem glas algentee :)
die haben sich viel zu sagen *
das gefällt auch den raben :)
so lässt es sich sein *
denkt frau gans zufrieden :)
und wirft einen stein
in den see
und kocht sich etwas algentee :)

WEIT IST DAS LAND :)
AN DEM PUNKT ° WO
DER HIMMEL DIE
ERDE BERÜHRT °
STEHE ICH AM
SEE DER
MÖGLICHKEITEN :)

DIE AUFGEHENDE SONNE
WEIST MIR DEN WEG :)
ICH BETRETE DEN STEG
HINAUS ZWISCHEN DIE
UFER :)
DA HÖRE ICH DIE RUFER :)
DU BIST DER TROPFEN
DER AUS DER WOLKE
FÄLLT °
UND MIT UNS DEN TAG
ERHELLT :)

die sonne steht
hoch am firmament *
ich fühle * dass unser
weg hier endet :)
wir sind über berg
und tal gezogen *
nun bist du an der
kreuzung abgebogen :)
dorthin will
und kann ich nicht gehen :)
mein herz lacht * beim
gedanken an dich * und
wünscht sich du bist
glücklich :)

GNADE IST * EIN
HIMMLISCHES GESCHENK :)
GNADE
MACHT UNMÖGLICHES
MÖGLICH :)
UNSER LEBEN * IST EINE
WERTVOLLE REISE *
VOLLER GNADE * WUNDER
UND GESCHENKE :)

der wind * tanzt
mit den blättern :)
die bäume bereiten sich
auf ihre traumzeit vor :)
alles hat genau die bedeutung
die du ihm gibst *
egal ob du
angst siehst oder liebst :)
die wolke ist meinem gesichtsfeld
entschwunden *
daran war ein lachen gebunden :)

DER TRAUM IST EINE
KUCHENFORM °
DEINE GEFÜHLE BEFLÜGELN
IHN ENORM :)
DER TEIG WIRD DURCH
DEIN TUN GEBACKEN :)
MANCHMAL IRRITIEREN DICH
REALITÄTSZACKEN :)
SEI FREI VON ACH UND WEH
UND KOCH DIR
VERTRAUENSTEE :)
SCHAU EIN BLATT FÄLLT
EBEN IN DEN SEE ° GEH :)

gurken im keller * oder
auf dem teller :)
die entscheidung
liegt bei dir :)
das lama ist ein tier :)
es erfüllt diesen lebenssinn
ganz ohne frage *
und lebt so alle seine tage :)
hab einen tag voller wohlgefühl *
bläst auch der wind etwas kühl :)

GÜTE * IST EIN
GESCHENK :)
SIE ERREICHT DICH *
GANZ UNVERHOFFT
UND BEDINGUNGSLOS :)
DAS LEBEN IST EIN
GÜTIGER FLUSS *
DEIN HERZ SENDET
IHM EINEN LIEBEN
GRUSS :)

GEH' DEINEN WEG MIT
BEDACHT UND HERZLICHKEIT °
DANN IST DEIN ERFOLG
NICHT WEIT :)
ES WIRD IMMER ETWAS
ER-FOLGEN ° WAS DICH
WEITER BRINGT ° AUCH WENN
ES DICH MANCHMAL IN DIE
KNIE ZWINGT :)
MIT ERWEITERTEM BLICK
SCHAUST DU ZURÜCK UND
ERKENNST ° DAS DARIN
LIEGENDE GLÜCK :)

Zauberlied

In dir ist eine einzigartige Melodie. Sie ist deine Gabe und dein Geschenk an die Welt. Wenn du deinen Weg gehst, dann erklingt dieses einzigartige Zauberlied, das dein Gegenüber in den Bann zieht und inspiriert, sein eigenes Zauberlied erklingen zu lassen. Wie wertvoll und befreiend ist es, authentisch zu sein.
Lass es dir gut gehen :)

Steinwurf

Hab´ heute morgen mit einem Stein über meine belastenden Gefühle gesprochen. Er hat sich alles angehört und hat mir dann gesagt, du kannst mir diese Emotionen alle übergeben. Dann nimmst du mich und wirfst mich in den See. Mutter Erde freut sich über dieses Geschenk und mir ist es eine Freude, dich zu unterstützen, meine zweibeinige Freundin :)
Hab viel Leichtigkeit an deinem heutigen Tag :)

DER KERN IST
DAS GANZE :)
DER AUSGANGSPUNKT
FÜR ANFANG UND ENDE :)
ENTWICKLUNG IST
DIE WENDE :)
SONNENLICHT UND LIEBE
SIND WERTVOLLE
ENTWICKLUNGSHELFER :)
HAB EINEN SONNIGEN TAG :)

Magnet

Du wirkst wie ein Magnet in deiner Welt, du ziehst mit deinen Gedanken und Gefühlen, die Ereignisse in deine Welt. Danke Leben :)

Vielfalt

Die Vielfalt bereichert unser Leben und bietet uns Möglichkeiten, für welche wir uns entscheiden. Wir entscheiden uns immer entweder aktiv durch ein ja oder ein nein oder dadurch, dass wir anderen die Macht über unser Leben geben. Unter all unseren Erfahrungen, die wir erleben, liegen unsere Gefühle, die wir durch diese Erfahrungen erleben. In all der Fülle von Möglichkeiten für unser Leben sind unser Herz und unsere Seele wertvolle Ratgeber :)

ICH WÜNSCHE DIR
EINEN TAG VOLLER
WUNDER UND WERT :)
MUSE BEIM
BEOBACHTEN DES
LEBENSFLUSSES °
ALLES IST EIN KANN
UND KEIN MUSS :)
EINEN LICHTVOLLEN
WEG UND EINE
ERHOLSAME PAUSE
AM STEG :)

Sonntagskuchen

Den Sonntagskuchen bereits einmal am Freitag essen * was für ein Spass.

Die Welt heute mal auf den Kopf stellen * sich einfach erlauben diesen Tag heute mal ganz anders zu erleben, als immer... Wow was für eine Freude * raus aus dem Alltag, ein kleiner Urlaub gleich jetzt.

Es ist kein grosser Aufwand hierfür notwendig * einfach nur die Bereitschaft, der Welt mit neuem Blick zu begegnen und heute mal die Dinge absichtlich ganz anders anzugehen.

Ich wünsche dir viel Erholung bei deinem...

DANKBARKEIT FÜRS JETZT
EMPFINDEN ° HEISST
INNEREN FRIEDEN FINDEN :)
VERTRAUENSVOLL GEHT
DAS LEBEN SEINEN WEG :)
WILLST DU ÜBERS WASSER
IST DA EIN STEG :)
IST AN DER VON DIR
GEWÄHLTEN STELLE DER
FLUSS REISSEND UND TIEF °
DANN DICH DAS LEBEN ZUM
UMDENKEN RIEF :)

Wertvoll

Du bist so einzigartig und wertvoll, ohne dich
wäre das Universum nicht komplett. Du
leuchtest in deinen eigenen Farben und
schwingst in deiner ureigenen Frequenz. Wie
unstimmig würde ein Orchester klingen, das
nur aus Geigen bestünde? Trau deinem Herzen
und deiner Seele * trau dich, deine Stärken und
Talente zu leben * du bist eine einzigartige
Schöpfung, die es so nie mehr geben wird und
noch nie gegeben hat. Lebe dein Potential * du
hast die Wahl :)

Wegweiser

Der Seele und deinem inneren Licht zugewandt.
Dann wirst du die Antwort auf deine Fragen
erhalten, lass nur Vertrauen walten.
Ihre Stimmen sind leise * drum lausche hinter
das Laute weise. Ich wünsche dir Erfüllung auf
deinem persönlichen Weg :)

DAS LEBEN IST EIN
SPIEL ° DU BIST
BEREITS AM ZIEL :)
DU KANNST NICHT
VERLIEREN ° NUR
IMMER PROBIEREN :)
SO TESTEST DU DICH
DURCH DAS FELD °
UND MANIFESTIERST
WAS DIR GEFÄLLT :)
SO BEREICHERST DU
DIE WELT :)

Am Wegesrand

Am Wegesrand hast du eine andere Perspektive auf den Pfad. Es gibt viel zu wagen und viel zu sagen und manchmal bist du leer und kannst nicht mehr. Dann mach eine Rast unter einem Baum und träume deinen Traum. So bewegst du dich zwischen Ruhe und Gehen und bleibst doch nicht stehen. Ich wünsche dir viele Kieselsteine, die dich inspirieren und dein Auge erfreuen :)

Lichtstrahl

Erlebtes schwingt in dir. Die Schwingung wird Teil deines Energiefeldes und so geschieht Veränderung in deinem Leben. Ein Stein in einen See geworfen zieht Kreise und diese beeinflussen die Wasserstruktur. So schwingst du in Moll oder Dur * es ist alles eine Frage der Frequenz :) Es macht soviel Freude, ein Instrument im Orchester des Lebens zu sein und sich immer wieder in anderen Lebensmelodien zu erfahren. Geniess deine Stimmung und dein Leben :)

BERÜHRUNGSPUNKTE
SIND SCHNITTSTELLEN
DER MÖGLICHKEITEN :)
WILLST DU EMPFANGEN
MUSST DU DIE ARME
AUSBREITEN :)
ZWEIGE SIND DIE
ENTWICKLUNG
DER BÄUME :)
SEI WACH UND LEBE
DEINE TRÄUME :)

Abendlicht

Abends legt sich die Sonne schlafen und der Mond beleuchtet nur noch spärlich das Himmelszelt.
Im Zwielicht treten die Konturen deutlicher hervor.

Manche Tage erscheinen uns schwerer als andere und bringen unsere Schatten in uns zum Leuchten, das, was wir gerne vor uns verstecken möchten.

Wie wertvoll ist es, dass der Mondschein uns diese beleuchtet so, dass wir sie dankbar betrachten und wieder zu uns einladen können. Denn ein Puzzle ist nur komplett mit allen Teilen. Ich wünsche dir viele...

WER DU BIST * WEISS
DEINE SEELE :)
WOHIN DU GEHST
SAGT DIR DEIN HERZ :)
WAS DU ERLEBST
ENTSCHEIDEST DU
STETS NEU :)
BLEIB DEINEN WERTEN
TREU :)
LEBEN IST WEBEN :)

Novemberlicht

Zaghaft wagst du dich Richtung deinen Lebens-
träumen vor und dann öffnet sich ein Tor :)

Geh´ beherzt weiter, sonst fällt die Türe wieder
zu und du bist im Alltag im Nu.
Das Leben ist wie ein Fluss und du sitzt in
deinem Lebensboot.

Kommen Strömungen oder ein Delta auf dich
zu, dann ist es an dir, beherzt mit deinem
Ruder die Richtung zu bestimmen. Lässt du
dich einfach treiben, dann treffen die
Lebensströmung oder die Mitmenschen die
Entscheidungen für dein Leben * entsprechend
deiner...

ALLES EXISTIERT BEREITS
IM FELD :)
UNSICHTBAR ° FÜR DIE
PHYSISCHEN SINNE :)
DU BIST DIE ENTDECKERIN
DEINER WELT :)
DEINE GEDANKEN SIND
DEIN ZAUBERHUT UND
DEINE GEFÜHLE DEIN
ZAUBERSTAB :)
SIMSALABIM ° ICH BIN :)

Nebelwald

Lass dich nicht beirren von all den Wirren :)
Dein Herz strahlt für dich wie ein Scheinwerfer
in der Nacht. Es gibt zwei Wege, einer der ist
logisch und schwer und der andere ist konkret
und stimmig in jedem Moment * ihn nur kein
Mensch den Plan schon vorher kennt. Das
Universum und wir selbst sind unsere besten
Zauberkünstler. Ein weisser Hase aus dem Hut
ist gut. Ein Leben voller Freude noch ein
magischeres Erlebnis. Was zählt ist nicht das
Ergebnis, sondern die Gefühle die du gelebt....

Weite

Weite ist die Entfernung zwischen der Erde und
den Sternen. Weite ist das weisse Stück Papier
zwischen den Buchstaben. Weite ist in dir und
deiner Seele. Weite kannst du leben, indem du
deine Träume mit Leben füllst und sie in der
Weite der Welt real wirken. Geniesse die Weite
der Gedanken und Herzschläge in jedem
Moment.

DANKE FÜR DIESEN
MOMENT °
AN DEM ICH ALLES
SEIN KANN WAS ICH
WILL :)
WAS WILL ICH JETZT °
AH JA ° ICH WILL
GLÜCKLICH SEIN °
IN DIESEM MOMENT :)

ॐ NAMASTE ॐ

Wurzelwerk

Wer wartet, der wartet und die Zeit vergeht.
Wer sich bewegt * der wird bewegt und die
Welt bewegt sich * Synergie :) Wellen
schwimmen im Meer und landen am Strand *
unbekannt. Zyklen sind Kreise * sie bewegen
sich ganz leise. Züge fahren auf Gleise.
Viel Lärm lässt dir keinen Raum fürs
Nach-Innenschau´n * so hörst du nur den
Gedankenbrei rauschen :) Hab´ viel Freude an
deinem Tag und viele wertvolle Begegnungen,
die dich berühren :)

Hoffnung

Schwingungen sind die Schwingen im Feld. So
bewegen wir die Welt. Geld, Äpfel und Träume
sind Energie in Form * unsere Gefühle
manifestieren enorm. Das Vertrauen ist der
Motor durch Zeit und Raum und verleiht dir und
deinem Traum den geeigneten Raum. Lass dich
tragen durch die Energie und die Gefühle
unterstützen dich und wie. Licht aus der
Zentrale ist das Leuchtfeuer in der Nacht :)

° LEBENSMELODIE °

AM ANFANG ZEICHNEN WIR
MELODIEN AUF °
ANSCHLIESSEND SPIELEN WIR
DIE PLATTEN AB :)
ERKLINGEN DISHARMONIEN IN
UNSEREM SEIN ° DANN
KÖNNEN WIR NOTEN
JAGEN ° ODER
ES WAGEN NEIN ZU ALTEN
TÖNEN ZU SAGEN UND NACH
NEUEN HARMONIEN ZU KLINGEN
UM MIT UNSERER SEELE EIN
DUETT ZU SINGEN :)

Wunschvogel

Das Lagerfeuer funkelt mit den Sternen um die Wette * manche liegen schon im Bette. Unendlich weit und gross ist das ewige Jetzt. Ist dein einzigartiger Platz schon durch dich besetzt :) Du wirst gebraucht an deinem Platz auf dieser Erde, damit sie immer mehr echter werde. Sei mit offenem Herzen auf dieser Lebensreise, so wirst du weise und erkennst dich immer selbst. Die Freude ist eine Laterne in der Nacht * das Alleine stets über dich wacht.

Dankbarkeit

Dankbarkeit ist die Wertschätzung für das, was ist aus tiefstem Herzen zu fühlen und dazu ja zu sagen. Ja so ist es. Dieser Moment ist die Sprungschanze zu meinem zukünftigen Erleben. Dankbarkeit lässt mein Herz überfliessen vor Freude und Glück. Leichtigkeit ist mein innerer Grundton. Schwingungen sind magisch und ich schwinge mich gerne auf in unerforschte Gebiete. Danke Abenteuer Leben :)

WER SEINE GRENZEN NICHT
ERREICHT °
DER KANN SIE AUCH NICHT
ÜBERSCHREITEN :)
UNSER BEWUSSTSEIN °
ERWEITERT SICH MIT UNSEREM
WACHSTUM IN DER POLARITÄT °
INNEN WIE AUSSEN :)
JE MEHR WIR UNS IN DER WELT
BEGREIFEN ° UMSO MEHR
BEGREIFEN WIR DIE REALITÄT :)
ES MACHT SOVIEL FREUDE °
REIFE FRÜCHTE ZU ERNTEN UND
ZU GENIESSEN :)

Wolkenbaum

Am Wolkenbaum da hängt dein Traum. Du siehst ihn kaum. Ganz zart zieht deine Schwingung Gedankenkreise und die machen sich auf die Reise. Schwing weiter in Richtung deiner Träume und das Weben in der Zeit nicht versäume. Unsichtbar sind der Keim unter der Erde und der Stern am sonnigen Firmament. Doch wer sagt dir, dass nicht den ganzen Tag das Feuer der unendlichen Liebe für dich, mich und alle brennt. Also zieh los und zeig dich groß, Glücklichsein ist dein Los :)

Sternentanz

Greif nach den Sternen. Streck dich immer weiter und weiter dem Firmament entgegen. Siehst du * die Sterne zwinkern dir fröhlich zu und warten nur darauf, mit dir zu spielen. Mach es dir leicht * dann kommt dir dein Weg entgegen. Nimm das Schwere und gib es frei * so sprichst du dich selber frei. Hab viel Freude an deinem Wachsen und Gedeihen und natürlich am Glücklichsein :)

DIE PERSÖNLICHE FREIHEIT
BEGINNT NICHT ERST °
WENN ICH ALLEN GRENZEN
UND LASTEN ENTHOBEN BIN :)
ICH BIN STETS FREI °
SOBALD ICH ERKENNE °
DASS ICH IMMER
EINE WAHL HABE :)
ICH WACHSE UND LERNE SO GERN :)
WELCHES GESCHENK HAT °
WOHL DIESER TAG
FÜR DICH UND MICH :)
HAB' VIEL FREUDE
BEIM ENTDECKEN :)

Zaubertüte

Das Leben ist ein Wagnis * du gehst immer im Kreis, bleibst du im Bekannten. Übertrittst du Grenzen, dann gehst du immer noch weiter im Kreis, doch dieser führt spiralförmig auf die nächste Ebene.
So viele Ängste und Unbekannte in der Gleichung werden sich dir zeigen. Mutig gehst du weiter, gestärkt durch dein Wachstum Schritt für Schritt. Dein Herz und deine Seele wachsen mit :)

Weitblick

Fühlst du dich innerlich eng und schwer * dann siehst du gar nichts mehr. Dein Blickfeld hat sich eingeschränkt, dank der vielen Bedenk. Bedenken kommt von denken und kann sich auf eins und eins ist zwei beschränken. Unsere Intuition ist verbunden mit allem was ist, dem ist nichts zu ungewiss. Denn es braucht keine Vorlaufzeit zum Denken und berechnen. Es weiss zur rechten Zeit den stimmigen Weg und hat viel Leichtigkeit dabei, so fühlst du dich frei.

DIE ZEITRÄDER DREHEN NACH
VORNE UND ZURÜCK IN DER
MITTE WOHNT DAS GLÜCK :)
DAS GLÜCK IST
KEINE TORTE * ES IST EINE
EINTRITTSPFORTE :)
DER WEG UND DAS ZIEL
BIST DU :)
IN DIR BREITET SICH
DIE RUHE AUS * UND DU
WÄCHST ÜBER DICH HINAUS :)
GLÜCKSPUNKT * JETZT :)

Leuchtturm

Alarm * Alarm * ich fühl mich arm. Ich weiss nicht, wohin die Reise geht und in meinem Kopf sich schon alles dreht. Halt ein bleib steh`n * kannst du nicht am Nachthimmel die Sterne sehen? Am Tag am Firmament zur Wegweisung dir die Sonne brennt. Lauf nicht so viel * lass dich von uns inspirieren. Red´ ab und an mit uns und den Tieren. Du musst nicht weit sehen * nur zuversichtlich deinen Weg gehen. Die Feen lachen und winken dir zu * geh weiter in aller Ruh`.

Blättertanz

Das Herz singt und die Seele tanzt dazu und was machst du? Freude ist der Weg der inneren Spur, sie verbindet dich mit der Lebensschnur. Leben kannst du pur erfahren, du musst nur dein wahres Ich dir offenbaren. So bist du du selbst in der Welt und sie antwortet dir so, wie es dir gefällt. Die Blätter fallen vom Baum * wow lebe deinen Traum :)

EINE ERKENNTNIS IST
WIE EIN ZÜNDSCHLOSS °
DU MUSST ERST DEN
SCHLÜSSEL UMDREHEN °
DAMIT DER MOTOR
ANSPRINGT :)
DENKEN IST NICHT
GLEICH LENKEN :)
GENIESSE DEINE FAHRT :)

Wunschwald

Wir wünschen, wir träumen * die Umsetzung wir versäumen. Das Leben braucht uns hier und da, doch werden so unsere Wünsche wahr. Sich verirren in den Wirren der Zeit und Möglichkeiten * ist oft nicht zu vermeiden. Sind wir unbewusst in unserem Sein, dann schleichen sich leicht Dinge ein, die wir nicht wollen * sie erinnern uns daran unserem Bewusstsein mehr Aufmerksamkeit zu zollen. Danke, dass immer * alles möglich ist :)

Bärenlachen

Mit Drachen kann man soviel machen. Sie tragen dich über Berg und Tal und lassen dir die Wahl. Willst du fliegen oder nur deine Ängste besiegen. Sie sind Freunde die dich bestärken und mit dir werken. Du kannst mit ihnen wunderbar lachen und das Leben feiern. Auf der ganzen Welt und in Bayern. Trau dich Zeit mit ihnen zu verbringen und die alten Lieder zu singen.

DU HAST NICHTS
ERKANNT
UND HAST ES
IMMER NUR BENANNT :)
SO ERSCHAFFST DU DIE
GLEICHEN LIEDER * UND
DAS ALTE
ECHO HALLT AUF DICH
HERNIEDER :)
WILLST DU NEUES
SINGEN *
MUSST DU DER ZUKUNFT
IN DIE ARME SPRINGEN :)

Wunderbar

Wunderbar, dass das Leben immer den Weg mit dem grössten Potential beschreitet. Es liegt in seiner Natur, aus wenig mehr zu machen. Es sieht immer das Hellste im Dunkelsten. Es ist so wunderbar, sich daran zu erinnern und in die Leichtigkeit des Moments einzutauchen und mit der Sonne und den Wolken um die Wette zu lachen. Einfach nur so, weil du die Freude in dir fühlst, ein wertvoller Teil des Projekt Lebens zu sein.

Herbsthimmel

Das Sein ist eine wertvolle Reise * du lernst dich und das Leben kennen auf deine Weise :) So reist du bereichert durch Raum und Zeit * bis in die Unendlichkeit. Unendlich viel lässt sich aus unserer Lebensenergie formen * bleib nicht nur in den Normen :) Der Herbstwind bläst über das Land und verweht Gedanken auf Sand. Geniesse die unbekannten Wege und sitz auch ab und an auf Stege :)

TRADITIONEN SIND
GEBRAUCHTE IDEEN °
DIE DICH UMWEHEN :)
WILLST DU EIGENE WEGE
GEHEN ° NIMMST DU VON
GESTERN DAS BESTE MIT °
UND DANN WAGST DU DEN
EIGENEN SCHRITT :)
SO WIRD DEINE WELT
WEITER UND DEIN LACHEN
BREITER :)

Karussell

Im Frühjahr erfüllt das zarte Grün der ersten Triebe die Sinne.

Im Herbst lassen die letzten warmen Sonnenstrahlen uns noch einmal eintauchen in die wohlige Wärme der Sonne.

Im Karussell des Alltags ist deine Triebfeder dein inneres Ziel und deine Vision, so entscheidest du darüber, ob es sich lohnt, heute aufzustehen und den Tag mit guter Laune zu erfüllen, oder ob du geknickt liegen bleiben willst. Blätterhaufen erfreuen das Igelherz im Herbst * was bringt dein Herz zum Klingen?

ENTWICKLUNG GESCHIEHT
IM KREIS*LAUF*
SCHLIESST SICH EIN KREIS *
DANN IST DAS ENDE ZUGLEICH
DER ANFANG DES
NEUEN KREISES *
DIESER ENTFALTET SICH
AUF DER NÄCHSTEN STUFE *
* ENTWICKLUNGSSPIRALE *
DANKE FÜR DIE BERÜHRUNG
MIT DIR UND ALLEM SEIN *
KREIS FÜR KREIS *
ENTWICKELT DICH DIE REIS` :)

Seelenreise

Bunt rascheln die Blätter am Baum * ich träume einen Traum. Den Traum von einer großen, weiten Welt, so wie sie mir gefällt.

Dort gehe ich spazieren und rede mit den Tieren.

Die Menschen sprechen wertschätzende Worte und essen gerne Rohkosttorte.

Jeden Tag erkenne ich meine Möglichkeiten und traue mich sie zu leben und dir Anerkennung zu geben.

So wachsen wir wie die Blätter am Baum und Leben unseren Seelentraum :)

MACHST DU ALLES
MIT GANZEM HERZEN °
SO IST DEINE ENERGIE
GEBÜNDELTE KRAFT °
DIE ALLES SCHAFFT :)
HAB VIEL FREUDE
AN DEINEM TAG °
WAS IMMER ER AUCH
BRINGEN MAG :)

Herzöffnung

Die Welt hat mich an meinen Platz gestellt.

Nun schaue ich von hier nach dort und frage
mich, ist für mich hier der richtige Ort, oder
gehe ich fort.

 Von hier nach da und nehme dann die Welt so
wie sie mir entspricht wahr? So blicke ich
zurück und nehme mit das stärkende Stück.

Das Schwere lasse ich nun dankbar zurück, es
hindert mich nicht mehr an meinem Glück.
Strahlend mache ich mich auf bis zur
Bergspitze hinauf, von dort oben blicke ich auf
die Welt und gehe an den Ort der meinem
Herzen und meiner Seele gefällt.

Dort schlage ich auf mein Zelt. Ich schick dir
ein Lachen von hier nach da und sage * nimm
deine Gefühle wahr.

WAGE

ALLE TAGE NEU °

BLEIB

DEINER SEELE TREU :)

NICHT FRAGE °

NICHT PLAGE °

WAGE DU SELBST ZU SEIN

UND DU WIRST DICH UND

ANDERE BEFREIEN :)

ॐ NAMASTE ॐ

Fäden

Fäden verbinden uns durch Raum und Zeit.

Wir weben aus Bildern und Gefühlen
Geschichten der Realität. Sie erzählen sich
weiter wie Fäden in einem Teppich.
So entstehen Realitätsteppiche auf unserer
Welt.
Manche Muster sind fröhlich und leicht und
manche sind wirr und chaotisch.

Weben heisst leben in Raum und Zeit.
Du bist ein Teil meiner Wirklichkeit.

Wolken lachen dir vom Himmel fröhlich zu und
warten darauf * was machst du ?

DANKE FÜR ALLES GRAUE °
ES LÄSST MICH DAS BUNTE
ERKENNEN :)
DANKE FÜR DEIN LACHEN °
DAS MEIN HERZ ERWÄRMT :)
DANKE FÜR DIE
FARBENFROHEN
HERBSTBLÄTTER ° DIE MICH
AUF DEN RÜCKZUG IM
WINTER VORBEREITEN :)
DANKE FÜR ALL DIE
MÖGLICHKEITEN ° DIE NOCH
IM VEBORGENEN RUHEN :)

Sonnenschein

Manchmal wird es dunkel und eng um mich
herum, dann sehne ich mich nach mehr Licht
und Leichtigkeit.

Dann klopft mein Herz bei mir an und sagt, he
du geliebtes Menschenkind, ich bin doch da und
habe alles was du brauchst.

Es liegt in dir in deinem Herzen, öffne es und
das Licht und die Liebe die alles bedingungslos
durchströmt und beleuchtet, kann durch dich
frei fliessen.

Dieses Gefühl ist dein Urzustand, fühle ihn oft
und sei ein Sonnenschein
für dich und die Welt :)

LIEBES LEBEN °
DU HAST SOVIEL ZU
GEBEN
UND ICH AUCH °
ICH LEBE GERNE
AUF DER ERDE °
UND ICH JEDEN TAG
EINE ANDERE WERDE :)
DOCH EINES BLEIBT
STETS GLEICH ° DIE
LIEBE MACHT MICH
REICH :)

Klangfarbe

Liebes Leben, du hast so viel zu geben und ich
auch * ich lache gerne aus dem Bauch.

Komm, lass uns gemeinsam spielen und
erfreuen uns und viele.

Heute habe ich geweint und gelacht und vieles
andere gemacht. Die Flügel breite ich immer
öfter aus und aus dem Schweren mache ich mir
immer weniger draus.

Entwicklung ist eine spannende Reise * sei
nicht zu leise. Nimm deinen Platz ein und du
wirst freier sein.

WARTEN BAUCHT GEDULD °
HANDELN BRAUCHT DEN
MOMENT :)
ERSTARRUNG IST FIXIERT °
BEWEGUNG IST MOTIVIERT :)
HERBSTBLÄTTER SIND
BAUMKINDER ° SIE
SCHLAFEN IM WINTER :)
ÄPFEL HABEN ROTE BACKEN
UND REISSVERSCHLÜSSE
ZACKEN :)

Katzenpfoten

Wo kommst du her? Wo gehst du hin? Wo liegt
der Sinn?

Da treff´ ich dich auf deinen Pfoten und du bist
da und bringst mich aus meinen Plänen ins Hier
und Jetzt.
Und ich spüre den Moment mit dir geht das
ganz leicht.

Ich kenne noch immer nicht die Gründe unserer
Begegnung, doch bringen sie in mir etwas in
Bewegung.
Ich verschiebe die Perspektive auf meine Welt
und schaue, ob sie mir anders besser gefällt.

Danke dir, liebe Katze, danke Mutter Erde und
danke für mein Werde :)

WER BIST DU ° WENN
NICHT LEBEN :)
WER BIST DU ° WENN
NICHT SEIN :)
DU BIST
VON MOMENT ZU
MOMENT °
NEU
UND DOCH EWIG
DU SELBST °
UNENDLICHE LIEBE :)

Klangwellen

Alles was ist klingt und schwingt.
So entstehen Schwingungen, die uns berühren.

Du bist Schwingung, ich bin Ton und der Baum
ist Farbe und so verweben sich unsere
Schwingungen zu einem einzigartigen Teppich
von Raum- und Zeitbildern.

Wir weben alle gemeinsam an der Frequenz des
Lebens und bringen so zum Ausdruck, was sich
als Realität niederschlägt und so die Grundlage
für die nachfolgenden Ausdrucksformen bildet.

So reise laut oder leise durch deine Tage und
wage zu fühlen und zu sein, denn die Welt ist
nicht aus Stein :)

WINDE HEULEN °
DOSEN BEULEN :)
ZEIT VERGEHT °
DIE EWIGKEIT IMMER
BESTEHT :)
DEINE GEDANKEN ° DER
WIND DER ZEIT VERWEHT :)
DU BIST DIE SONNE AN
DEINEM HIMMELSZELT °
DRUM BELEUCHTE
WAS DIR GEFÄLLT :)

Sturmböen

Geh deinen Herzensweg auch an stürmischen Tagen. Du kannst es wagen, deiner inneren Stimme zu trauen. Sollte sie dich zu unlogischen Dingen ermutigen, dann folge ihr.

Dein höheres Selbst sieht weiter als du es kannst. Es sitzt auf dem Ausguckturm.

Im Laufe der Zeit wird sich dir enthüllen wie notwendig und wie bereichernd der intuitive Impuls für dich war.

Geniesse alle Momente * sie sind so wertvoll und sie entwickeln deinen Lebensfilm.
Namaste :)

STRÄUBST DU DICH °
DANN BLÄST DIR
DER WIND ENTGEGEN :)
FREUST DU DICH °
DANN ERFÄHRST DU
RÜCKENWIND :)
DAS LEBEN VERGEHT
SO GESCHWIND ° IN DEINER MITTE
DIE RUHE FIND :)
ERFAHRUNGEN VERGÄNGLICH SIND :)
DOCH DIE GEFÜHLSESSENZ
BLEIBT BESTEHEN :)
WELCHE MÖGLICHKEIT WERDE ICH
ALS NÄCHSTES SEHN' :)

Innenschau

Worte schwingen in meinem Gehörgang,
berühren mich und erreichen mein Herz.

Ich schreite durch die Tage und wage jeden Tag
das Bild von mir zu ändern * in die Richtung
meines Herzens.

Meine Seele betrachtet die Welt als Ort der
physischen Möglichkeiten, die es zu erfahren
gilt.

Mein Herz sieht in allem und jeden die Liebe.
Ich staune über die Vielfalt, die sich mir jeden
Tag bietet.

So schaue ich von innen nach aussen und
wieder zurück und wünsche dir und mir viel
Glück :)

GEDANKEN SIND WIE SETZLINGE
IN MEINEM KOPF :)
MEINE GEFÜHLE GIESSEN SIE :)
AN TAGEN SONNIGEN GEMÜTS
BRINGEN SIE TOMATENSTAUDEN
HERVOR ° AN NEBELIG TRÜBEN
TAGEN FINDE ICH PLÖTZLICH
DISTELN IN MEINEM LEBENSBEET :)
WOW ° WOHIN MICH MEIN
GEDANKENGUT WEHT UND WAS
FÜR PFLANZEN ES SÄT :)
HABE HEUTE
ACHTSAMKEITS-DÜNGER INS FELD
GESTREUT ° UND MICH DARAN
ERFREUT :)

Lebensfreude

Es ist so wunderbar, eine Seele in einem menschlichen Körper zu sein.

So viele wunderbare Ideen und Vorstellungen im Geiste erdacht und probegefühlt und wow, dabei zu sein und am eigenen Leib mit Haut und Haar zu erfahren, was ich im Zusammenspiel mit der Schöpfung kreiert habe, bereitet mir große Lebensfreude.

Das Abenteuer Leben lässt mich jeden Morgen aus dem Bett hüpfen. Ich begrüße den Tag mit meinem Herzen und schaue, was er bringen mag.

Und abends weiß ich es, wie er war und was ich heute gefühlt und erlebt habe. Ich wünsche dir viel Lebensfreude :)

KREUZ UND QUER * WO
KOMMST DU HER * WO
GEHST DU HIN * WAS
IST DER SINN :)
FRAGEN ÜBER FRAGEN *
KANNST DU ES WAGEN
* LOS ZU GEHEN OHNE
ZU VERSTEHEN :)
WANN KOMMT DIE ZEIT
* WANN GEHT SIE * DIE
EWIGKEIT ENDET NIE :)

Seelenfarbe

Licht ist unsere Verbindung. Das ganze
Spektrum des Lichts ist in dir geliebtes Wesen.

Deine Gefühle ändern deine Farbfrequenzen
von Gefühl zu Gefühl.

Leichte, hochschwingende Gefühle, lassen dich
wahrnehmen, wozu deine Augen nicht in der
Lage sind. Farben erfreuen mein Herz * darum
mache öfter einen Scherz.
Dann sprühen die Leichtigkeitsfunken umher
und wünscht dir noch mehr.

Noch mehr Lebendigkeit und Zeit zum Sein.
Hab viel Freude mit deiner Farbpalette :)

WENN DIE STÜRME DES LEBENS
DICH VON DEINEN FÜSSEN WEHEN °
DANN MUSST DU
NACH INNEN GEHEN :)
IN DEINER MITTE IST DER KERN °
DORT IST DIR HILFE UND VERBINDUNG
NICHT FERN :)
SO ERREICHST DU
DAS QUANTENFELD ° DAS ALL DAS
GEWÜNSCHTE ENTHÄLT :)
WÄHLE UND LASS
DIE ENTWICKLUNG ZU °
SO WÄCHST DU MIT INNERER RUH` °
MEHR LEBENSFREUDE ° ZU :)

Herbstwind

Getragen durch die Herzensweite bist du
verbunden mit dem Licht, sorge dich nicht.

Das Leben ist immer für dich :)

Manchmal da haben wir uns verlaufen und
fangen an uns die Haare zu raufen.

Das bringt uns eine unansehnliche Frisur und
schwere Gedanken nur. Lassen wir das Sorgen
sein, dann können wir uns von allem Dunkel
befreien.

Ich freue mich dir auf Herzensebene zu
begegnen und wünsche dir viel Segen :)

ENTWICKLUNG IST EIN
WEG UND KEIN STEG :)
BETRACHTE DEN HIMMEL °
SCHAU DORT
DAS GRÜNE GRAS ° UND
DIE VÖGEL SAGEN DIR
WAS :)
ENGEL UND ELFEN HELFEN
DIR GERN ° GREIF RUHIG
NACH DEN STERN`:)
GENIESSE DEINEN WEG °
UND DIE PAUSE AUF DEM
STEG :)

Wendepunkt

Wenn du bemerkst du bist gemeint, so wie du bist. Und dass du in diesem Moment alles hast, was du brauchst um den nächsten Moment zu erreichen.

Dann erlebst du Fülle in deiner Erfüllung. Du ruhst dann in Zeit und Raum. Du lässt von der Eile los und lebst deinen Traum.

Du kannst ganz den Moment geniessen und die Energien fliessen, so fühlst du die Verbindung zu allem, was ist und die Lebensfreude ist dir gewiss :)

EINE LAMPE
FÜR DICH BRENNT °
IN FINSTRER NACHT :)
BIST DU ERWACHT ° GEHST DU
DURCH BERG UND TAL °
UND SCHAUST DIR ALLES MIT
DEINEM HERZEN AN :)
MAL SIEHST DU LEID ° MAL
SIEHST DU GLÜCK ° DOCH DU
WILLST NIE MEHR ° IN DAS
ALTE ZURÜCK :)
DANKE LEBEN ° WAS KANN
ICH DIR GEBEN :)

Baumlachen

Mit Sorgen kannst du dir nichts borgen.

Kein Geld, keine Zeit und keine innere
Zufriedenheit. Ein Gartenzaun ist keine Grenze
zum universalen Feld.
Vögel fliegen, Bäume wiegen sich im Wind und
wir die sind, die wir sind.

Trau dich mit den Bäumen um die Wette zu
lachen, so kann deine Seele mit dir erwachen.

Hier in dieser Welt und wachsen unterm
Himmelszelt. Die Liebe deines Herzens zählt :)

DAS FELD FÜR JEDEN °
IMMER ALLES ENTHÄLT :)
DAS ERGEBNIS IST VON DIR
GEWÄHLT :)
DU WÄHLST MIT DEINEN
WORTEN ° GEDANKEN ° UND
TATEN :)
IN DER TIEFKÜHLTRUHE
KANNST DU KEINE
FOLIENKARTOFFEL BACKEN :)
WARTEN IST DIE ZEIT
ZWISCHEN DA UND DORT °
LIEBE IST DEIN HORT :)

Einzigartig

Du bist einzigartig * so wie jedes Lebewesen
einmalig ist.
Nimm deinen Platz ein und trau dich du selbst
zu sein.
Niemand ist in der Lage diese Stelle
auszufüllen.

Die Erde und das Sein sind nur dann in
Harmonie, wenn jeder auf seinem Platz ist und
ist was er ist und mit allem Sein in
harmonischer Frequenz schwingt.

Wie würde eine Blume aussehen, wenn die
Blütenblätter plötzlich lieber Wurzeln wären und
die Wurzeln sich dafür entscheiden würden
ganz auszusteigen, weil sie unter der Erde eh
nicht gesehen werden?

Glaub an dich und leuchte * die Schöpfung freut
sich auf dich und lacht mit dir :)

DAS LEBEN FORMT SICH
FÜR DICH * NACH DEINER
VORSTELLUNG ÜBER ES :)
EMPFINDEST DU DEIN SEIN *
ALS ANSTRENGEND * DANN
WIRD DIR DAS LEBEN DEINEN
WEG MIT HINDERNISSEN
BEREICHERN :)
FINDEST DU DIE CHANCE * IN
DEM WAS SICH DIR ZEIGT *
DANN WIRD DIR DAS LEBEN
RÜCKENWIND SENDEN :)
GENIESSE DEINE
SCHÖPFERKRAFT :)

Kreisschwingung

Wir folgen auf unseren Lebensreisen * Kreisen. Wir beginnen etwas ohne es zu merken und es fördert unsere Stärken.

Das Leben ist stets für uns. Unsere Seele verfolgt diesen Pfad.

So wie der Obstbaum stets die reifen Früchte trägt. Entwicklung ist zyklisch.

Sie besteht aus Anfang und Ende. So ist jeder Anfang ein Ende, dieses bringt die Wende zu einem Neubeginn, dann verleihen wir diesem wieder einen Sinn.

Auf jeden Kreis legt sich der Nächste und so bewegen wir uns in Spiralen. In Raum und Zeit und erschaffen Wirklichkeit :)

Geniesse deinen Weg :)

HEUTE HIER UND MORGEN
FORT ° IN MIR SCHWINGT
NOCH DEIN WORT UND
DEIN SEIN :)
ICH HOFFE DU HAST ES
FEIN :)
SEIN IST DAS WANDELN
VOM JETZT ZUM JETZT :)
LIEBE IST DAS
UNIVERSALE NETZ :)

Schmerz

Schmerz brennt auf deinem Herz.

Die Wunden wollen heilen und nicht weiter in
dir verweilen.
Lasse die Schmerzen zu und du bekommst
innere Ruh.
Schmerz ist gebundene Energie aus deiner
Vergangenheit, dieser bereitet dir in der
Gegenwart Leid.

Hab den Mut, ihn zu fühlen und ihm danke zu
sagen. So kannst du Neues wagen. Hat er seine
Aufgabe vollbracht, er nicht länger über dir
wacht.

Ich wünsche dir den Mut alle deine Gefühle zu
fühlen und in Leichtigkeit zu leben.

DURCH DICH * MEIN
LIEBES DU *
BEGREIFE ICH MICH *
WEIL DU MEINE
SCHWINGUNG IN
DIE WELT
REFLEKTIERST :)
DANKE :)
ZEIT DU MIT EWIGKEIT
ERSETZT :)
DANKE LEBEN * ICH
WERDE WEITER
WEBEN :)

Echo

Heute schaue ich auf die Strasse, nein es ist keine dunkle Gasse. Menschen bewegen sich auf ihr hin und her.

Mal weniger mal mehr. Mein Ausschnitt auf die Welt wird von meinem Fensterrahmen bestimmt.

Mein Blick schweift von mir zu dir und dann wieder ins Hier. Dann fühl ich mich verbunden mit der Welt und mache weiter mit dem was mir gefällt.

Am Himmel da leuchten die Stern´. Bäume ich hab euch gern. Wer bin ich ohne euch?

Ein Echo ohne Klang :)

WUT IST ROT
UND HOFFNUNG IST GRÜN :)
WANN WIRST DU ERBLÜHEN :)
GEDANKENMUSTER WURDEN
GEWEBT VON GENERATION ZU
GENERATION °
IN DEINEM LEBEN BESTIMMST
DU DEN TON :)
SINGE DEIN EIGENES LIED UND
DIE GEISTIGE WELT SINGT MIT :)
VIEL FREUDE BEI DEINEM
NÄCHSTEN SCHRITT :)

Engelsrat

Engelsrat klopft an die Tür und sagt bleib stets
bei dir.
Denn dein Blick auf die Welt dir und anderen
den Tag erhellt.
Du brauchst dich nicht mit anderen vergleichen,
denn so kannst du nichts erreichen.

Jedes Wesen ist einzigartig auf dieser Welt und
für dich und mich und jeden anderen die Liebe
den eigenen Platz bereitstellt.

Nimm diesen, deinen Raum auf der Erde ein
und du wirst ein Wegweiser und Licht für alle
Suchenden sein.

Namaste geliebtes Wesen * so bist du von der
Dunkelheit genesen :)

DIE WELT IST
VOLLER ZAUBER :)
DIE BÄUME SCHENKEN UNS
ZUVERSICHT UND KRAFT :)
DEIN HERZ ° IST VERBUNDEN
MIT ALLEM WAS IST :)
DIE LIEBE ALLES
DURCHFLIESST :)
LASS DICH VON IHR LEITEN °
SO WERDEN SICH
DEINE SINNE WEITEN :)

Sturmböen

Wollen heisst nicht tun. Du darfst nicht eher
ruhen, bevor du bist an deinem Herzensziel,
das Leben ist ein duales Spiel.

Geht die Sonne bei dir unter wird sie woanders
wieder munter.
In all den Irren und Wirren, kannst du dich
nicht weiter verirren als eine Herzensspanne
lang, denn dann wird dir bang.

Du legst eine kleine Pause ein und blickst in
dein Inneres hinein. Finde deine Spur * die nur
deine Seele kennt, jeder andere nur seine
eigenen Pläne weiß.

Viel Freude und wenig Leid möge dir bringen
die Zeit :)

FÜLLE IST ° DER INHALT
UND ICH BIN
DAS GEFÄSS DAFÜR :)
DANKBARKEIT ° IST
LIEBEVOLLE
WERTSCHÄTZUNG
AN DAS LEBEN :)
ES WILL DIR UND MIR
IMMER MEHR GEBEN :)
KOMM LASS UNS DARAN
ERFREUN´
UND EIN LACHEN IN DIE
WELT STREUN´:)

Wolkenzwerge

Wolkenzwerge versetzen Berge.

Wolken sind flauschig und weich, sie sind der
Eingang in das Zwischenreich.
Zwischen noch nicht hier und noch nicht da.

Die Wolkenzwerge kennen sich auf diesem
Gebiet der unsichtbaren Sichtbarkeit sehr gut
aus und helfen dir da raus.

Vertraue dir und den Wolkenzwergen und es
können sich nicht länger deine Wege zum Ziel
verbergen.

Genieße Schritt für Schritt * die Wolkenzwerge
kommen mit.

ICH HAB MIT DEM BAUM
UM DIE WETTE GELACHT
UND DABEI AN DICH GEDACHT :)
SONNENSTRAHLEN
SCHICKE ICH DIR VORBEI :)
HERBSTBLÄTTER TANZEN
VON DEN BÄUMEN °
SIE WOLLEN
VOM FRÜHLING TRÄUMEN :)
SO SCHAUEN SIE NUN NACH INNEN °
UM LIEDER DER STILLE ZU SINGEN :)
IN DER STILLE
REIFT DIE ZEIT ZUM RAUM
° SO ERWECKST DU DEINEN TRAUM :)

hinter der kurve
da liegt der bär *
er sucht das meer :)
ein sonnenbad am strand
das wäre schön *
so könnt er sich verwöhn :)
da landet eine taube nebenbei und isst etwas
von seinem bärenbrei :)
sie kommen ins plaudern
über dies und das *
und trinken ein fass * kakao :)
so bricht die nacht über dem wald herein und
der bär findet
es ist auch hier sehr fein :)
gute nacht liebe sterne
und strand in der ferne :)

DU HAST KEINE EILE :)
DU MUSST NICHT
ANKOMMEN ° WEIL DU
NIE WEG WARST :)
DU MACHST DEINE
LEBENSREISE °
DIR ZUR FREUDE °
GENIESSE ZEIT UND
RAUM :)
IST ES EIN TRAUM?
BLÄTTER WACHSEN
AM BAUM :)

wellen schlagen
an den strand :)
die seele entwirft pläne
fürs neuland :)
siehst du die herbstbäume
am rand * sie sind
mir bekannt :)
was mag wohl
dahinter liegen :)
das werden
wir herauskriegen *
lacht die seele weise
und ich mach mich bereit
für die reise :)

DEIN LACHEN GIBT
DEINEM HERZ FLÜGEL :)
DIE WELT ÖFFNET SICH
DIR ° WENN DU BIST WIE
DU BIST UND DEIN LEBEN
GENIESST :)
DAS GRAS SPRIESST
IN DEN LANGEN TAGEN °
AN DEN DUNKLEN TAGEN
WIRST DU VOM LICHT
GETRAGEN :)

DU BIST EIN KLANG
UND EINE FARBE °
SCHWINGUNG IST
JEDE NARBE :)
DER WELTENSPIEGEL
ZEIGT UNSERE
MELODIE :)
EIN BAUMKONZERT °
IST SOVIEL WERT :)
SCHWINGUNG ÜBER
RAUM UND ZEIT °
UNENDLICHKEIT :)

was macht dir freude *
fragte der specht
die sonne :)
dich zu beleuchten *
strahlte die sonne :)
wohin geht unsere reise *
fragte die meise :)
sie geht nicht *
sie ist *
sagte
die eule
ganz weise :)

REISE °

EIN GEDANKE IM KOPF °

VORBEREITUNGEN °

GEPACKTE KOFFER °

ABREISE °

ZIELBILDER ° IM FREIEN

GEIST °

ANREISE ° BRÜCKE VOM

HIER INS DA :)

ANKOMMEN ° ERFAHREN °

SEIN :)

ENTWICKLUNG IST FÜLLE :)

SETZ DICH
IN BEWEGUNG * DANN
KOMMT DEIN WEG
DIR STETS ENTGEGEN :)
DAS LEBEN KANN IN ALLE
RICHTUNGEN WEBEN :)
DURCH RAUM UND ZEIT *
BIST DU VERBUNDEN
UND STETS VOM LICHT
GEFUNDEN :)

klar ist
das ungetrübte :)
fällt ein stein *
in den see *
dann entstehen kreise :)
wir sind steine * im see
der möglichkeiten :)
kreise zeichnen lebensmuster :)
enten suchen nach brot *
die sonne geht auf *
morgenrot :)

STILLE

LEERE

WARTEN

STILLE

LIEBE

WARTEN

ZEIT

EWIGKEIT

JETZT

SEIN

DANKE :)

WÄHLE DEINE ZIELE °
UND DANN SPIELE :)
ENTWICKLUNG IST
NICHT LINEAR ° AUF
WUNDERSAME WEISE
WERDEN WÜNSCHE
WAHR :)
HERBSTBLÄTTERSTURM
° UND ICH LACHE VOM
AUSGUCKTURM :)

heute morgen
bin ich mit den reihern
über den see geflogen :)
die wasseroberfläche glitzerte
im morgenlicht :)
enten tummelten sich hier *
die familie kormoran da :)
die bäume wiegten
ihre äste wohlwollend im wind :)
da lacht
mein inneres Kind :)

TRÄUME DEINEN WEG °
DER KERN LIEGT IN
DIR VERBORGEN :)
FÜHLE DEINEN TRAUM
UND ER FÜLLT SICH
MIT ENERGIE :)
ACHTE UND EHRE
DEINEN TRAUM °
UND GEHE DEINEN WEG
IN LIEBE °
DANN IST DEIN WEG
DAS ZIEL :)

DU HAST EINEN WEG °
DU HAST EIN ZIEL :)
KATZEN GIBT ES VIEL °
DU HAST EINE IDEE ° GEHST
UND TRINKST TEE °
AM SEE TRIFFST DU EINE
KATZE °
SIE GEHT AUF LEISER TATZE °
SIE VERBINDET DICH
MIT DER WELT
UND TUT WAS IHR GEFÄLLT °
WEITE IST UNTER DEM
HIMMELSZELT :)

du bist das leben
und die schöpfung *
die du dir erdacht und erfühlt hast :)
lebst du ein erfülltes leben *
dann hast du viel zu geben :)
ist dir angst und bang *
dann sind deine hände klamm :)
ich hab´ heute morgen
mein kopfkino durchgespült *
und
in der kiste mit leichtigkeit
gewühlt :)
darin hab ich
ein lachendes herz gefunden *
und dachte
ich sollte es dir bekunden :)

NEUBEGINN * IST
EINE FAHRT MIT DEM
FESSELBALLON :)
DU WIRST VOM LEBENSWIND *
AN EINEN ANDEREN ORT
GETRAGEN :)
DU HAST ES GEWAGT *
DU BIST EINGESTIEGEN UND
HAST DEINEN SICHEREN
BODEN VERLASSEN :)
ICH WÜNSCHE DIR EINE
WEICHE LANDUNG *
IM NEULAND :)

WERTSCHÄTZUNG IST
TIEFE DANKBARKEIT ZU
EMPFINDEN FÜR * DAS
WAS
DICH BERÜHRT :)
GEFÜHLTE EMOTIONEN
ÖFFNEN DEIN HERZ UND
HEILEN DEINEN SCHMERZ :)
STERNE ERHELLEN DEINEN
WEG IN DER NACHT *
DIE ALL-LIEBE STETS ÜBER
DICH WACHT :)

zeit ist ein
leeres blatt papier :)
du entscheidest *
mit welchen farben und pinseln *
du sie füllst :)
ich wünsche dir
einen kreativen und bunten
tag
mit ein paar farbklecksen
auf deinen händen :)

DAS LEBEN IST WIE
EIN KOPIERGERÄT :)
DEINE STIMMUNG
WIRD AUFS
NÄCHSTE
ARBEITSBLATT
KOPIERT °
UND BRINGT DIR
DEINE NÄCHSTE
AUFGABE :)

bedingungslose liebe
ist unser wesen :)
leben in der dualität *
besteht aus grenzen und räumen :)
wir erschaffen
aus licht materie :)
wohlwollen ist
ein wertvoller wegbegleiter :)
ich wünsch´ dir
dein tag sei heiter :)

Mehr Seelennahrung unter:
www.so-wow.net

Krafttierkartenset - Der Rat der Tiere

Krafttierkartenset mit 40 Karten

Willst du dich inspirieren, sprich mit uns Tieren. Hast du Fragen zu einem Thema oder deinem Tag? Komm zu uns mit deiner Frag. Misch dazu die Karten und zieh eine davon raus ohne zu schauen, du kannst deiner Intuition ruhig trauen.

Energiekartenset – Herzschwingung ~ Seelenfrequenz

Kartenset mit 40 Karten
Die Karten geben dir Antwort auf deine Fragen. Lache und
wage * alle Tage :) Tauch ein in deine Seelenfrequenz.
Dein Leben ist die Quintessenz von Hier und Dort. Trau
deinem Herzen! Es schwingt über Raum und Zeit.